AF563788

RELATION DV PARNASSE, SVR LES CEREMONIES DV BAPTESME DE MONSEIGNEVR LE DVC DE BOVRBON. FILS DE MONSEIGNEVR LE DVC; ET PETIT FILS De Son Alteſſe Sereniſſime Monſeigneur LE PRINCE DE CONDE.

1.

Faites à S. Germain en Laye le 16. Ianvier 1680.

A PARIS,
Chez R. I. B. DE LA CAILLE, Libraire & Imprimeur, ruë S. Iacques, aux trois Cailles.

M. DC. LXXX.
AVEC PERMISSION.

BOVRBON

MONSEIGNEVR LE DVC

PETIT FILS

PRINCE DE CONDÉ

A PARIS,

Chez R. I. B. DE LA CAILLE, Libraire & Imprimeur, rue S. Iacques, aux trois Cailles.

M. DC. LXXX.

AVEC PERMISSION.

RELATION DV PARNASSE, SVR LES CEREMONIES DV BAPTESME DE MONSEIGNEVR LE DVC DE BOVRBON, FILS *DE MONSEIGNEVR LE DVC;* ET PETIT FILS *De Son Altesse Serenissime Monseigneur* LE PRINCE DE CONDÉ.

Faites à S. Germain en Laye le 16. Ianvier 1680.

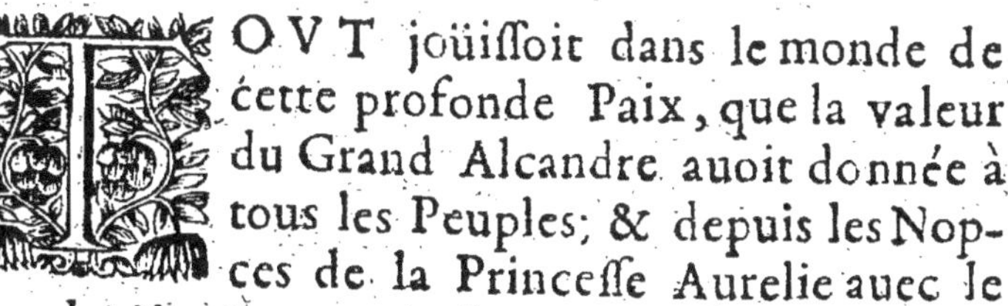

TOVT joüissoit dans le monde de cette profonde Paix, que la valeur du Grand Alcandre auoit donnée à tous les Peuples; & depuis les Nopces de la Princesse Aurelie auec le Roy des Iberiens, on ne songeoit plus qu'à de nouuelles Alliances, & au Mariage de Francus fils unique du grand Alcandre auec la Princesse des Noriques: lorsque le premier Prince du Sang auguste, dont descendent ces Heros, voulant donner à son petit fils vn nom digne de sa naissance, iugea à propos de faire l'inauguration de ce fils, auec toutes les Ceremonies qui s'obseruent dans la Religion du grand Alcandre. Il pria ce Monarque qui est fils aisné de l'Eglise & le principal deffenseur des droits de la Religion de le presenter aux saints Mysteres auec l'Espouse du Prince Aurelien, & de luy donner un Nom digne de la gloire de ses ancestres, apres les immersions Sacrées qui font le principal Mystere de ces inaugurations. Ce nom & ces immersions firent naistre dans le monde deux grandes contestations, l'vne entre les Riuieres les plus celebres, sur le choix des eaux qui deuoient seruir à cette ceremonie, & l'autre à l'égard du nom qu'on deuoit donner à ce ieune Prince. L'Eridan se flatta d'abord d'estre preferé aux autres Riuieres, parce qu'estant le Roy des Fleuues par le suffrage du plus illustre des Poëtes de l'Ausonie, le Prince qui deuoit estre laué de ces eaux mysterieuses descendoit du Sang des Rois. On eut beau luy representer que ses eaux estoient de mauuais augure, depuis qu'elles auoient seruy de tombeau à Phaëton, il pretendit que les larmes des Sœurs de ce Prince infortuné, les auoient suffisamment purifiées, & que celuy qu'on deuoit initier, bien loin d'affecter

Fluviorum Rex Eridanus, Virg.

comme cét audacieux, de monter sur le Char du Soleil, se contenteroit de le suiure à l'exemple de tant de Heros à qui cét Astre sert de modele, pour la conduite du monde. Le Nil disputa à l'Eridan cét auantage, & faisant voir à l'Assemblée que les premiers Heros du monde auoient esté cõsacrez en se lauant de ses eaux, il se persuada qu'on ne pouuoit sans iniustice en choisir d'autres que les siennes. Il ne manqua pas d'alleguer que ce ieune Prince descendant du Heros Chrestien, dont le nom & la memoire sont en veneration dans tous les Estats du grand Alcandre, il deuoit l'emporter sur toutes les autres Riuieres, puisque c'estoit sur ses bords que ce Roy si religieux auoit fait depuis tant de siecles des actions si glorieuses pour la deffense de la Religion de ses Peres. Saint Loüis. Quel bruit ne firent pas le Rhin, le Danube, le Necre, l'Escaut, la Sambre, la Meuse, la Moselle, l'Issel, la Segre, & quantité d'autres Riuieres des frontieres de la France, lors qu'entendant parler des actions de S. Loüis, chacune d'elles crût que les victoires encor recentes de l'Ayeul du ieune Prince que l'on presentoit aux Autels, estoient de meilleurs titres pour la pretention qu'elles auoient que la memoire reculée de tous ces anciens triomphes de l'Egypte & de Damiette.

Le Rhin s'empressa plus que tous les autres à faire valoir la possession ou il estoit de rendre les anciens François inuincibles, par la trempe de valeur qu'il leur donnoit, lorsqu'il y estoient plongez peu de iours apres leur naissance.

Tout murmuroit dans l'Assemblée sur ces contestations, & l'on craignit qu'elles ne fissent naistre des tempestes : mais l'Ocean qui est le Pere des eaux, pour appaiser ce tumulte, prononça que nulle de cesRiuieres ne seruiroit à cette feste, qu'il estoit iuste que l'on prist dans le cœur mesme du Royaume, les eaux qui deuoient seruir à la consecration d'vn Prince, qui en seroit vn iour les delices, & que celles de la Seine qu'on auoit déia employées à l'inauguration du grand Alcandre, de Francus son auguste fils, & de tant d'autres Heros, seruiroient à cette Ceremonie. Les peupliers plantez sur les bords de l'Eridan, & les Nymphes qui les habitent ne purent s'empescher de pleurer, quand elles entendirent ce que l'Ocean ordonnoit. Tous les Fleuues en murmurerent, & se retirerent en grondant dans leurs antres & dans leurs grottes; lorsqu'il s'éleua tout à coup vne autre contestation, à l'égard du Nom qu'on deuoit donner au ieune Prince. On proposa les Noms d'Achille, de Pyrrhus, d'Alexandre, de Scipion, d'Annib al ou de Cesar, qui sont de grands Noms dans l'Histoire, & des Noms de bon augure, estant les Noms de la valeur, & de la vertu heroïque. D'autres vouloient vn nom Chrestien pour vne Ceremonie qui estoit toute Chrestienne, & desiroient qu'on donnast au ieune Prince le nom de Constantin, de Theodose, de Iustinien,

ſtinien, de Sigiſmond, de Leopold, de Rodolphe, de Caſimir, ou de Maximilien, qui ſont des noms que la pieté, la grandeur de la naiſſance, la dignité & les belles actions ont rendus égallement recommandables dans la Religion Chreſtienne. D'autres crurent que ſans aller chercher dans des pays eſtrangers des noms illuſtres & glorieux, il falloit prendre dans la Maiſon meſme du ieune Prince vn des auguſtes noms que ſes anceſtres ont porté, & luy donner le nom de Clouis, de Childeric, de Clotaire, de Pepin, de Charlemagne, de Robert, de Philippe, de Henry ou de Loüis qui ſont des noms conſacrez par tant d'actions heroïques de ceux qui les ont portez.

Les Aſtres de Bourbon furent les flambeaux qui parurent en cette Ceremonie, ces Aſtres que la diligence des derniers Aſtronomes a decouuerts en vn ſiecle ou les Princes de ce Nom ſont montez ſur le Thrône de leurs Peres, dont la fortune les auoit éloignez de tant de degrez depuis S. Loüis iuſqu'à Henry le Grand Pere de Loüis le Iuſte, & ayeul du grand Alcandre. Diſons donc de ceux qui ont obſerué les premieres démarches de ces aſtres ce qu'vn Poëte de la Cour d'Auguſte a dit autrefois des Aſtronomes de ſon temps:

Felices animæ quibus hoc cognoſcere primum,
Inque domos ſuperas ſcandere cura fuit. Ovid. Faſt. 1.
Admouére oculis diſtantia ſidera noſtris
Ætheraque ingenio ſuppoſuere ſuo.

Heureux ces grands Esprits dont l'adresse infinie
Eleuant iusqu'au Ciel leur vol audacieux
A sçeu faire approcher les Astres de nos yeux,
En soûmettant le Ciel à leur diuin genie.

Les Honneurs furent portez par toutes les Qualitez heroïques du corps, de l'esprit & de la fortune qui peuuent rendre vn ieune Prince recommandable, la naissance, la beauté, la bône grace, la dignité, la ieunesse, l'esprit, le genie, la grandeur d'ame, le naturel, la docilité, le iugement, la viuacité, le brillant, & tous les autres auantages qui distinguent dans le monde les personnes de qualité.

La Foy interrogea ce ieune Prince sur les principaux Mysteres de la Religion, dans laquelle il demandoit d'estre initié, & il satisfit à ses demandes auec vne presence d'esprit qui auroit surpris toute l'assemblée, si le Secretaire des Empereurs n'auoit dit autrefois que les Princes naissent auec vn double esprit, & que celuy de leur dignité les éleue au dessus des autres hommes, comme l'autre leur est commun auec le reste des hommes. *Idem est Principi dignitatis quod vitæ initium.* Cassiod.

Le grand Alcandre termina le different qui s'estoit émeu à l'égard du Nom qu'on donneroit au ieune Prince, quand il le nomma LOVIS, luy donnant en cét auguste Nom le nom de la sagesse, de la pieté, de la valeur, du courage, de la probité, de la grandeur d'ame, & de toutes les Vertus Royales.

Mille échos retentirent de ce beau Nom de LOVIS, dés que le grand Alcandre l'eut prononcé. Nom mille fois plus glorieux que celuy des Cesars & des Achilles, des Alexandres & des Scipions, des Constantins & des Theodoses, depuis qu'il est deuenu le Nom de tant de Regnes, & particulierement de celuy du grand Alcandre, qui rassemble en sa personne toutes les qualitez Royales, que les plus beaux Noms des Heros ont iamais fait connoistre au monde. La Religion fit sur le ieune Prince les exorcismes & les onctions accoustumées, auec les soufflemens qui communiquent vn Esprit Diuin à ceux qui les reçoiuent. Cependant les Nymphes grauerent l'Auguste Nom de LOVIS sur les écorces de leurs arbres. Les Sybilles l'écriuirent sur les fueilles des palmes & des lauriers. Il fut mis dans les Registres Sacrez auec le Nom du grand Alcandre & celuy de la Princesse Aurelienne, qui auoient presenté le ieune Prince aux Saints Mysteres.

La Religion s'estant seruie des expiations accoustumées, l'Innocence & la Grace reuestirent le Ieune Prince d'vn precieux habit blanc, dont l'éclat estoit le symbole de la pureté de ses mœurs, & de la candeur de son naturel.

Les Muses qui se trouuerent à cette Ceremonie, où le Parnasse prenoit tant de part, depuis que ce ieune Prince est deuenu leur Nourrisson, firent des acclamations publiques pour finir cette Ceremonie, & pour en conseruer la memoire elles ietterent des Medailles où cette inauguration estoit representée, auec des Inscriptions & des Eloges. Voicy quelques vnes de ces Medailles.

I. MEDAILLE.

Le Roy & Madame presentant le ieune Prince aux Mysteres Sacrez.

LEGENDE.

Inauguratio Christiana Ludouici Borbonij, Ducis Enguinei F. Principis Condæi N.

C'est à dire, Inauguration Sacrée de LOVIS DE BOVRBON, Fils du Duc d'Enguien, & petit Fils du Prince de Condé.

REVERS.

Vne Deuise dont le corps est vn Arc en-Ciel, formé des gouttes de rosée & des rayons du Soleil, reflechis par les goutes de rosée.

Auec ces mots.

A Rore & Sole decus.

Mon éclat vient de la Rosée ou du Soleil.

Deux choses contribuent à la gloire de ce ieune Prince, son Baptesme qui le fait enfant de l'Eglise, & de la Grace, & l'Auguste nom de LOVIS que le Roy luy a donné.

II. MEDAILLE

Le Ieune Prince reuestu de blanc.

LEGENDE.

Ludouicus Borbonius sacro de fonte leuatus.

REVERS.

Vne Deuise, dont le corps est vne riuiere vers la source de laquelle paroist vn Autel antique couronné de festons & de guirlandes de fleurs, auec vne main au bas qui puisant de l'eau dans cette source la presente au Ciel, comme vne espece de Sacrifice ou de libation auec ce Vers.

Gratior est superis sacro dum fonte leuatur.

Ce

Ce present est plus agreable au Ciel, quand il vient d'vne source sacrée.

C'est le Baptesme qui est cette source sacrée, qui nous rend agreables au Ciel.

Les Anciens consacroient les sources des fontaines & des riuieres, ce qui a fait dire à Horace. *Ode* 1.

Stratus nunc ad aquæ lene caput sacræ.

III. MEDAILLE.

Madame sous l'image de Thetis qui plonge le ieune Achille dans vne eau sacrée, pour le rendre immortel, auec ces mots de la quatriéme Eclogue de Virgile.

Ille Deûm vitam accipiet.

C'est ainsi qu'il commencera à viure de la vie des Dieux.

REVERS.

Vne Deuise d'vne perle exposée à la rosée du Ciel dans vne nacre ouuerte, & ces mots :

Cœlesti de Rore decus.

Ma beauté vient du Ciel & de ses influences.

C'est la Grace du Ciel conferée par le Baptesme.

IV. MEDAILLE.

Monsieur le Prince de Condé & Monsieur le Duc, menant ce ieune Prince au Roy, pour le remercier de l'Auguste Nom que ce Monarque luy a donné.

LEGENDE.

Æternitati Augusti Nominis.

A l'Eternité de l'Auguste Nom de LOVIS.

REVERS.

Vn Arbre sur le tronc duquel le Nom de LOVIS est graué iusqu'à trois fois, auec ces mots :

Hinc decus accrescit stirpi.

La Tige en est plus belle.

C'est la gloire de la Royale Maison de Bourbon, de porter le Nom de LOVIS, parce qu'elle descend en ligne directe de Saint Louis, qui est la tige de cette branche Royale. Louis le Iuste & Louis le Grand, font l'honneur de cette tige, & Louis Prince de Condé est la gloire de cette branche.

V. MEDAILLE.

L'image du Ieune Prince dans vne guirlande de Lys.

LEGENDE.

Non sic Salomon in omni gloria sua.

Iamais Salomon n'a paru auec tant d'éclat au milieu de toute la pompe de sa Cour.

L'éclat de la Grace est plus grand que tous les auantages de la fortune.

REVERS.

Deuise de l'estoile du matin que l'on nomme *Phosphore*, quand elle deuance le Soleil, & *Vesper* ou *Hesperus* quand elle le suit auec ces mots Espagnols,

Nueua luz y nueuo nombre.

Nouuelle lumiere, & nouueau Nom.

Les deux effets du Baptesme, sont dans la vie Chrestienne de conferer la Grace qui est vne lumiere Diuine, & dans la vie Ciuile de donner vn nouueau Nom.

Les Muses ne se contenterent pas de ietter ces Medailles, à la fin de la Ceremonie elles allerent planter à la porte du Ieune Prince vn arbre dont le tronc se diuisant en deux branches principales qui se partageoient apres insensiblement en diuers rameaux, portoit d'vn costé les Noms & les Armes de soixante quatre de ses Ancestres du costé Paternel de Bourbon, &

de l'autre soixante quatre des Princes de la Maison Palatine, qui est sa descendance maternelle. Toutes les fueilles de cét Arbre portoient des Inscriptions, des Vers & des Eloges en diuerses Langues à la gloire du Ieune Prince, du Serenissime Duc son Pere, & de son Auguste Ayeul.

Au dessus de cét Arbre estoient écrits ce Vers de Martial & d'Ouide.

O dilecta deis, ò Magni Principis arbor
Perpetuos sperare licet tibi frondis honores,
Hinc lata Maiestas mundum quæ temperat omnem.

Arbre, ou du Grand CONDE' le Nom & les Ancestres,
Portent iusques au Ciel la gloire des Bourbons,
Conserue en celuy-cy tous les illustres Noms,
Des Princes que le monde eut autrefois pour Maistres.

Les acclamations des Muses se firent en faueur du grand Alcandre, de Francus son Auguste Fils, du Ieune Prince qu'on venoit d'initier, de son Pere & de son Ayeul.

Calliope toute remplie des Vertus Royales d'Alcandre, & toute penetree des auantages de son Regne s'écria la premiere.

Recta fides, hilaris clementia, cauta potestas
Iam redeunt, longi terga dedere metus.
Hoc populi, gentesque tuæ Lodoice loquuntur
Dux tibi sit semper talis & iste diù.

On ne pouuoit ny mieux faire le caractere du Regne & de la conduite du grand Alcandre, ny souhaiter rien de plus aduantageux au Ieune Prince, qu'il venoit de presenter aux Mysteres Sacrez, que d'imiter ce Grand Monarque en ces trois qualitez toutes

Royales, d'vne foy sincere dans ses paroles, d'vne douceur affable à tout le monde, & d'vne authorité souueraine qui ne se permet que ce qu'elle peut iustement.

Melpomene s'écria en faisant ces Voeux pour Francus.

Et Pater æternas post sæcula tradat habenas
Atque regas orbem cum seniore senex.

Viuez, Regnez heureux sans partager vos soins,
Le Monde est assez grand pour regner l'vn & l'autre,
Que deux siecles entiers soient fideles témoins,
De vostre bon heur & du nostre.

Les autres Muses se réjoüirent de voir que sous deux Ieunes Princes qui aimoient les Sciences & les beaux Arts, les Lettres alloient refleurir, & elles dirent mille fois auec des cris de ioye qui accompagnoient leurs paroles.

Licet toto nunc Helicone frui.

Comme c'est la coustume dans la Religion du grand Alcandre, apres les immersions Sacrées, qui font l'inauguration, de se faire armer en Soldat Chrestien, il fut ordonné que toutes les Vertus trauailleroient aux Armures qui deuoient seruir au Ieune Prince pour cette Ceremonie. Que la Foy luy prepareroit vn bouclier capable de resister à tous les traits de l'impieté, que l'Esperance feroit son baudrier & sa ceinture, cette Esperance glorieuse qui apres tant de degrez qui auoient éloigné du trône l'Auguste branche de Bourbon, l'y a fait heureusement remonter en la Personne de Henry le Grand. Ce fut aussi comme par vn esprit de Prophetie, que cette Royale Maison fit sa Deuise du mot d'*Esperance*, écrit en lettres d'or sur vne ceinture precieuse. Ainsi nos Grands Princes sortis

ſortis de l'Auguſte Sang de nos Rois, peuuent dire en vertu de la Loy Salique, qui eſt la Loy fondamentale du Royaume, que l'Eſperance de leurs Anceſtres dure encore,

Et adhuc ſpes durat auorum.

Il fut auſſi arreſté que la Charité qui eſt la Reine des Vertus, couronneroit le caſque du ieune Prince, d'vne Couronne ouuerte, dont tout le cercle ſeroit rehauſſé de Fleurdelis, auec vn lambrequin flottant au derriere du caſque, d'vne pourpre violette ſemée de fleurdelis d'or, qui ſont autant de ſymboles de cette Diuine vertu. La Prudence qui regle la raiſon ſe reſerua de luy faire vn caſque à l'épreuue des paſſions qui ſe ſouleuent contre la raiſon. La Force promit de luy faire vne cuiraſſe capable de reſiſter à tout, & la Iuſtice s'eſtant engagée de luy mettre en main la meſme épée auec laquelle ſon illuſtre Pere & ſon grand Ayeul ont combattu depuis tant d'années auec tant de ſuccés pour les droits de la Couronne, la Temperance luy prepara vne cotte d'armes de pourpre violette, comme le lambrequin du caſque ſemée de fleurdelis d'or, & ſur le deuant de cette cotte d'armes, elle broda la Deuiſe d'vn Giraſol, qui ſe tournoit vers le Soleil, auec ces mots.

Hinc nomen & omen.

C'eſt du plus grand des Aſtres que vient & mon Nom & mon ſort.

Ce ieune Prince ne ſe glorifiant de rien, tant que d'auoir l'hõneur d'appartenir au grand Alcandre,

D

de porter son Nom, de le suiure par tout, & de tout attendre de luy. Sur le derriere estoit vne autre Deuise d'vne épée à laquelle on donne la trempe, auec ces mots :

Roborat quod temperat.

Qui nous aprennent que la principale force d'vn Prince & d'vn Soldat Chrestien est la moderation, comme c'est la trempe qui fait la force des armes. C'est ainsi que l'on prepara la seconde Ceremonie de Cheualerie du ieune Prince, aprés les Ceremonies de son inauguration. L'vne & l'autre deuant également contribuer à le faire vn Heros Chrestien.

On fit paroistre en mesme temps la Medaille du grand Prince, qui est le chef de la branche des Bourbons, & le reuers de cette Medaille estoit vne Colonne semblable à la Colonne Traiane. Les batailles de ce Prince y estoient representées & ses actions glorieuses, auec cette Inscription sur le piedestal. *Condæo Inuicto Principi*, & ces mots de Virgile pour ame de la Deuise :

Se quantis attollit rebus.

Dans vne autre Medaille on voyoit vn Arc de Triomphe, chargé des trophées sous lequel ce Prince estoit passé. Mr. le Duc son fils passoit sous cét Arc, & inuitoit Mr. le Prince de Bourbon à le suiure, auec ces mots,

Patre Viam Monstrante.

Permis d'imprimer. Fait ce 17. Ianuier 1680. DE LA REYNIE.

www.ingramcontent.com/pod-product-compliance
Lightning Source LLC
LaVergne TN
LVHW010322230826
846091LV00009B/3749

* 9 7 8 2 0 1 9 9 1 8 8 1 1 *